Lucien a peur de son ombre

Michel Imbert

Illustrations de
Laurent Grossat

L'Autre Regard
jeunesse

Collection « Albums »

Mes idées noires, Leticia Rose, 2019
Poussière d'étoiles, Kaël A. Lys et Xavier Debarge, 2018
Le bois des esprits - Le jour où les chemins disparurent (légendes afro-cubaines), Jean-Luc Vezinet et Zaü, 2018
La tournée du boulanger, Nane Vezinet et Leticia Rose, 2018
Folita, la petite feuille rebelle, Bernard Escudero et Leticia Rose, 2017
Un sommeil de marmotte, Julie Eugène, 2017
Le voyage de Tommy et Melvin, Herjia, 2017
Un papillon dans le ventre, Herjia, 2017
Mes rêves à moi, Leticia Rose, 2015
Têtes de pioches contre gueules noires, Cathy Giovannini et Gérald Callier, 2015
Tillila Maâza, la chèvre d'Agadir, Florence Deville-Patte, 2014
Les contes de la savane, Marie-José et Bernard Caner, 2011

Collection « Les aventures de Chloé et Lucas »

Chloé et Lucas sur les traces de La Pérouse, Christian Verdun, 2016
Chloé et Lucas en val de Loire, Christian Verdun, 2014

Collection « Je grandis avec la nature »

Les abeilles, David Julien et Laurie de Brondeau, 2019
Les coccinelles, David Julien et Laurie de Brondeau, 2017

« loi n°49-956 du 16 juillet 1949 sur les publications destinées à la jeunesse, modifiée par la loi n°2011-525 du 17 mai 2011 ».

Direction éditoriale : Jérôme Poitte
Maquette et mise en page : Com'unimage
Relecture : Vincent Gary

ISBN : 978-2-490906-09-3

Grand soleil dans la cour de l'école.
Le repas à la cantine est terminé et les élèves se sont éparpillés.
Deux équipes de garçons s'affrontent au foot, sur le carré d'herbe jaunie que leurs chaussures ont usé.

D'autres groupes trouvent un peu de fraîcheur sous le préau et les arbres qui ombragent la cour.
Des cris et des rires fusent parmi les enfants qui s'amusent ensemble.

Dans un coin de la cour, adossé contre
un mur, un garçon ne bouge pas.

Il s'appelle Lucien.
Il a peur de son ombre !

C'est ce que disent tous ceux
qui croient le connaître.

Isolé à l'abri, il a l'air d'un enfant timide,
muet, le regard fuyant,
comme traumatisé.

Pourtant, Lucien n'a pas toujours été comme ça.
Tout le monde à l'école a encore en tête
le garçon turbulent,
l'écolier farceur, parfois même bagarreur.

« Une mitraillette à bêtises ! »
disait sa maîtresse.

Qu'est-il arrivé ? Nul n'a réussi à le savoir. Du jour au lendemain, il a changé. Totalement.
Lui si téméraire n'ose plus rien entreprendre. Le capitaine d'équipe est devenu solitaire.
Impossible de lui soutirer une explication. La maîtresse, ses parents, le psychologue,
même ses copains s'y sont cassé les dents.

Depuis qu'elle est à l'école, Léa est toute seule, elle aussi.
Elle trouve les autres enfants trop agités et souvent méchants juste pour le plaisir.

Mais elle n'est pas triste pour autant.
Au contraire, c'est une vraie boule de vie,
attentive à tout ce qui l'entoure : le vent, les arbres, les fleurs, les oiseaux, et les gens aussi.

Au pied de son arbre
préféré, Léa, paisible,
joue avec son ombre.

Elle chantonne,
elle chuchote et lui confie
ses joies, ses espoirs,
sa déception.

La petite fille discrète et réservée, que personne ne remarque,
est amoureuse de l'enfant lumière.

C'est comme ça que, au fond de son cœur, elle appelle Lucien.

Lui ne la remarque même pas.
Il est toujours avec ses copains.

Alors elle reste, rêveuse, à l'observer en secret.
Son ombre l'encourage : « Vas-y, parle-lui ! ».

Mais Léa hésite, n'ose pas.
L'ombre insiste. En vain. Et le temps passe.

Un jour, le ballon roule jusqu'aux pieds de la fillette.
Lucien court vers elle, pour le chercher.
Elle ose lui adresser un petit sourire,
en repoussant la balle vers lui.

Il la ramasse, hautain, comme si elle n'existait pas.
Il a tant à faire ! Il y a une partie à gagner !

L'ombre de Léa suggère à la petite fille
de se dévoiler dans un beau poème,
où elle lui dirait tout son amour.

L'idée plaît à Léa.
Elle y passe des heures.

Un matin, elle ose glisser
la feuille dans le cartable de Lucien.

Espoir immense...

... qui se fracasse sur l'indifférence
et le mépris du garçon.
Tout fier de lui, il va même se moquer
en lisant le poème à ses copains.

Ricanements bêtes, méchanceté gratuite
et inconsciente.

Léa est effondrée.
Son ombre fulmine.
Ce jeune blanc-bec mérite une leçon !
Il va voir ce qu'il va voir !

Alors, un jour de pluie, pendant la classe, l'ombre de Léa, toute pâle, à peine visible, se détache discrètement et s'en va trouver celle de Lucien.

Entre ombres, on se comprend…

L'ombre de Lucien découvre la situation.

Elle est désolée pour la petite fille et promet de jouer un tour à ce sale gosse.

Le matin suivant, il fait de nouveau grand soleil.
Lucien est en train de courir, lorsque, soudain,
il voit son ombre qui lui fait des grimaces !
Le garçon en loupe le ballon !

Mais l'ombre a vite repris son rôle
et suit docilement les gestes de son maître.
Personne n'a rien vu. Il a dû rêver...

Un peu plus tard, Lucien voit son ombre qui, à nouveau, n'en fait qu'à sa tête et court en zigzags devant lui. Pourtant lui, il va tout droit !
De stupeur, l'enfant manque de se retrouver par terre.

Et le manège se répète, tout au long de la journée.
Chaque fois quand il ne s'y attend plus, son ombre se moque de lui, sans que jamais les autres enfants ne la remarquent.

Lucien se croit devenu fou !
Envahi par la peur, il décide de rester à l'abri.
Quand ses copains l'interrogent sur cette attitude inhabituelle,
il n'ose pas leur répondre. Il prétend qu'il est fatigué.
Mais ses potes voient bien qu'il ne tourne plus rond.
Ils insistent mais lui ne veut rien dire.
Il craint qu'on le prenne pour un idiot.

Alors, pour avoir la paix, il a fini par s'isoler.
Aujourd'hui, on dit de Lucien qu'il a peur de son ombre.

Léa ne sait pas ce qui s'est passé.
Mais elle a envie de l'aider.
Le moins que l'on puisse dire, c'est qu'elle n'est pas rancunière.

Chaque jour, tout doucement,
elle s'approche un peu plus du garçon craintif.
Pour l'apprivoiser.

Elle est patiente. Elle ne se moque pas.
Elle est gentille.
Lucien la découvre peu à peu
et finit par apprécier sa compagnie.

Il lui a demandé pardon pour l'autre fois...
avec son poème...

Dorénavant, à la récréation,
ils sont assis côte à côte,
au pied de l'arbre de Léa.

Les anciens copains de Lucien, un peu jaloux,
ont bien essayé de se moquer mais ils s'en fichent.

Ils sont bien tous les deux ensemble.

Un jour, le ballon roule jusqu'aux pieds de la fillette, assise avec Lucien contre le tronc de son arbre.

Le garçon hésite un instant puis saute sur ses pieds et shoote de toutes ses forces.

Ensuite, il prend la main de Léa et court avec elle vers le terrain de jeu.

Les copains sont surpris.
Mais, contents de retrouver leur capitaine,
ils acceptent que Léa joue avec eux.

Léa regarde comment fait Lucien et l'imite.
Elle apprend vite.
Finalement, elle joue plutôt bien.

Et leurs ombres,
joyeuses de ce bon tour,
en rigolent encore ensemble.

Dépôt légal - Janvier 2020.

Achevé d'imprimer sur les presses de l'imprimerie Sepec (Ain) en janvier 2020 - 15174191226.

IMPRIM'VERT®